구약

6

돌아온 하나님의 백성

가스펠 프로젝트 영유아부

구약 **6**

돌아온 하나님의 백성

지은이 | LifeWay Kids
옮긴이 | 권혜신
감 수 | 김병훈

초판 발행 | 2021. 1. 6
2판 1쇄 발행 | 2025. 1. 7
등록번호 | 제1988-000080호
등록된 곳 | 서울특별시 용산구 서빙고로65길 38
발행처 | 사단법인 두란노서원
영업부 | 02) 2078-3352, 3452, 3752, 3781
        FAX 080-749-3705
편집부 | 02) 2078-3437

활동 연구 | 이은미·이현순·진명선·홍선아

책값은 뒤표지에 있습니다.
ISBN 978-89-531-4656-3 04230
     978-89-531-4650-1 (세트)

홈페이지 | gospelproject.co.kr
두란노몰 | mall.duranno.com

**The Gospel Project
for Babies and Toddlers**

is published quarterly by LifeWay Christian Resources, One
LifeWay Plaza, Nashville, TN 37234, Ben Mandrell, President
© 2016 LifeWay Christian Resources
Translated and used by permission of LifeWay Christian
Resources

This Korean translation edition © 2021 by Duranno Ministry,
38, Seobinggo-ro 65-gil, Yongsan-gu, Seoul, Republic of
Korea. Published by arrangement with LifeWay Christian
Resources

차례

1 보호하시는 하나님

2 공급하시는 하나님

1 다니엘과 친구들이 하나님께 순종했어요

바벨론 왕은 다니엘과 세 친구를 신하로 삼으려고 데려가 왕이 먹는 음식을 주었어요. 하지만 그들은 하나님이 정해 주신 규칙에 따라 채소와 물만 먹었어요. 10일 후에 보니 그들은 왕의 음식을 먹은 젊은이들보다 더 건강하고 좋아 보였어요. 하나님은 바벨론에서도 다니엘과 세 친구를 도우셨어요. 예수님은 어떤 일에도 항상 하나님께 순종하셨어요.

무엇을 먹었나요?

바벨론으로 끌려간 다니엘과 세 친구는 바벨론에서 어떤 음식을 먹었나요? 41쪽 '반쪽 채소' 스티커를 떼어 접시에 있는 채소와 짝을 맞춰 붙여 보세요.

 이야기 나누기

바벨론으로 끌려간 다니엘과 친구들은 하나님을 사랑했기 때문에 하나님의 말씀을 지키고 싶었어요. 그래서 다니엘과 친구들은 왕이 준 음식을 먹지 않고 채소와 물만 먹었어요. 하나님은 우리가 하나님께 순종하도록 도와주세요. 예수님은 언제나 하나님께 순종하셨어요.

2 사드락, 메삭, 아벳느고를 구하셨어요

바벨론 왕이 키가 큰 황금 신상을 만들고 "음악이 들릴 때마다 이 신상에 절을 해야 한다"라고 명령했어요. 다니엘의 세 친구인 사드락, 메삭, 아벳느고는 "우리는 하나님 말고 다른 신에게 절하지 않겠습니다"라고 말했어요. 왕이 세 친구를 불에 던져 넣었지만 하나도 다치지 않았어요! 주님이 불 속에서 그들과 함께하셨기 때문이에요!

누가 있나요?

사드락, 메삭, 아벳느고는 하나님만 사랑했기 때문에 왕이 만든 신상에 절하지 않았어요. 화가 난 바벨론 왕이 뜨거운 불 속에 세 친구를 던져 넣었어요. 그들은 어떻게 되었나요? 41쪽 '왕, 주님, 세 친구'를 번호 순서대로 떼어 붙이며 성경 이야기를 완성해 보세요.

 이야기 나누기

다니엘의 세 친구 사드락, 메삭, 아벳느고는 하나님만 사랑했기 때문에 다른 신에게 절하지 않았어요. 화가 난 바벨론 왕이 뜨거운 불 속에 세 친구를 던져 넣었어요. 하나님은 세 친구를 불 속에서 안전하게 지켜 주시고 구원해 주셨어요. 하나님은 우리가 하나님께 순종하도록 도와주세요. 예수님도 우리를 구원하는 능력이 있으세요.

다니엘을 구하셨어요

사람들이 왕에게 이제부터 하나님께 기도하면 안 된다는 법을 만들자고 말했어요. 다니엘이 하나님께 하루 3번씩 기도했기 때문에 왕은 다니엘을 사자 굴에 넣어야 했어요. 아침이 되자 왕은 사자 굴로 달려갔어요. 다니엘이 말했어요. "하나님이 저를 지켜 주셨습니다!" 왕이 말했어요. "너의 하나님이 살아 계시는구나! 하나님은 자기 백성을 구하시는구나!"

THE GOSPEL PROJECT / EXILE AND RETURN

스티커 붙이기

보호하시는 하나님

다니엘은 안전해요

다니엘이 무서운 사자 굴 속에 던져졌어요. 다니엘을 해치려고 하는 무서운 사자 얼굴에 41쪽 '사자 얼굴' 스티커를 덧붙여 보세요. 사자가 어떻게 변했나요? 누가 다니엘을 사자 굴에서 지켜 주셨나요?

이야기 나누기

하나님은 우리가 하나님께 순종하도록 도와주세요. 하나님께 기도하는 사람은 사자 굴에 던진다는 법이 생겼지만 다니엘은 하루 3번 하나님께 기도하는 것을 멈추지 않았어요. 결국 다니엘은 사자 굴 속에 들어가게 되었어요. 그러나 하나님이 다니엘을 무서운 사자들에게서 지켜 주셨어요. 이처럼 하나님은 우리를 구하려고 예수님을 보내셨어요.

 하나님의 백성을 고향으로 데려오셨어요

하나님의 백성이 먼 나라에 잡혀가 그곳에서 살았어요. 하나님은 그들을 다시 데려오겠다고 말씀하셨어요. 고레스왕이 "이스라엘 백성은 돌아가서 무너진 성전을 다시 쌓아라"라며 하나님의 백성에게 필요한 돈과 동물까지 주었어요. 스룹바벨이 하나님의 백성을 이끌었어요. 성전의 기초가 놓이자 백성은 기뻐하며 소리질렀어요!

함께하시는 하나님

고향으로 돌아가요

하나님은 하나님의 백성을 다시 고향으로 데려오셨어요. 29쪽 '고향으로 돌아가는 백성' 그림을 떼어 접는 선을 따라 접은 후 접은 부분에 털실을 넣고 풀로 붙여 보세요. 털실의 양 끝을 페르시아에서 예루살렘까지 이어 붙인 후 이스라엘 백성이 고향으로 돌아가는 것처럼 움직여 보세요.

준비물 ▶ 셀로판테이프, 털실, 풀

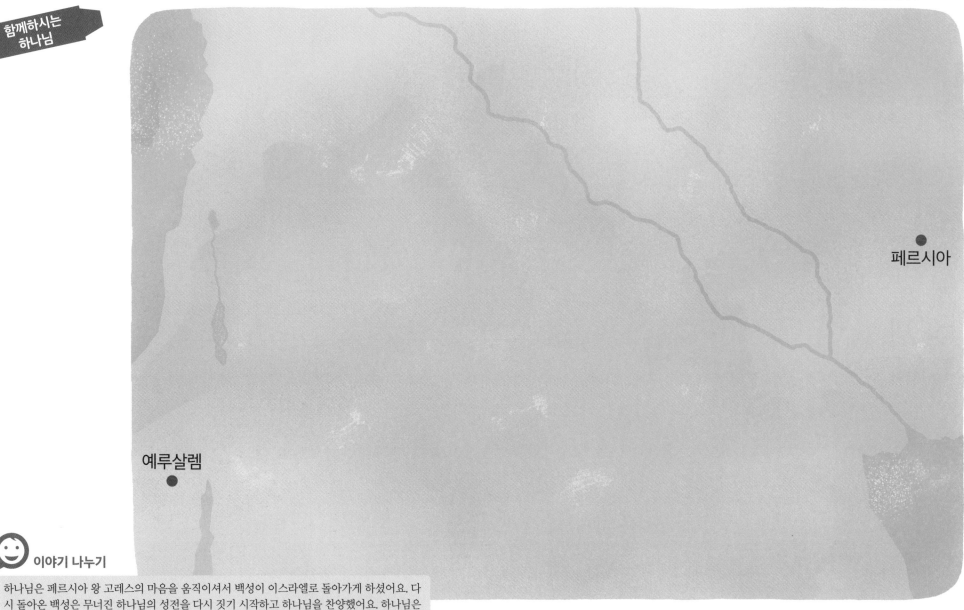

이야기 나누기

하나님은 페르시아 왕 고레스의 마음을 움직이셔서 백성이 이스라엘로 돌아가게 하셨어요. 다시 돌아온 백성은 무너진 하나님의 성전을 다시 짓기 시작하고 하나님을 찬양했어요. 하나님은 우리가 하나님께 순종하도록 도와주세요. 예수님은 우리가 영원히 하나님과 함께 살게 하세요.

THE GOSPEL PROJECT / EXILE AND RETURN

성전을 다시 지었어요

예루살렘 주변에 사는 민족들은 하나님의 백성이 성전을 다시 짓는 것이 싫었어요. 다리오왕이 그들에게 편지를 썼어요. "고레스왕이 성전을 짓는 일을 허락했다. 그들을 방해하지 마라. 그들에게 필요한 것은 무엇이든 주어라." 드디어 성전이 다 지어졌어요. 백성은 특별한 축제를 열었어요. 예수님을 믿는 사람은 어디서나 하나님을 예배할 수 있어요.

11

도우시는 하나님

성전을 완성해요

하나님의 백성이 성전을 다시 지었어요. 모두 하나님이 도우셨기 때문이에요! 파란색 색연필로 파란색 점을 이어 성문을 완성하고, 빨간색 색연필로 빨간색 점을 이어 성전을 완성해 보세요.

준비물 ▶ 파란색 · 빨간색 색연필

 이야기 나누기

하나님의 백성이 성전을 다시 지을 때 다리오왕은 성전 짓는 것을 싫어하는 사람들에게 편지를 써서 하나님의 백성을 도우라고 했어요. 하나님은 성전 짓는 것을 돕겠다는 약속을 지키셨어요. 백성은 너무 기뻤어요. 예수님 때문에 우리는 어디서나 하나님을 예배할 수 있어요.

6

에스더를 왕비로 세우셨어요

페르시아 왕은 에스더를 왕비로 뽑았어요. 어느 날, 사촌 오빠인 모르드개는 하만이 하나님의 백성을 모두 죽이려고 한다고 에스더에게 말했어요. "네가 우리 민족을 구해야 한다. 왕에게 도와 달라고 부탁해라." 에스더는 하나님의 백성이 자기를 위해 기도하기를 바랐어요. 에스더는 하나님이 기도를 들으실 거라고 믿었어요.

하나님의 백성이 위험해요!

계획대로 일하시는 하나님

에스더가 페르시아 왕의 왕비가 되었어요. 그런데 하만이라는 사람이 하나님의 백성을 다 죽이려고 했어요! 29쪽 '인형'을 떼어 빈 요구르트 병에 붙여 인형을 만들어 보세요. 그리고 31쪽 그림을 배경으로 친구들과 함께 오늘의 성경 이야기로 인형 놀이를 해 보세요.

준비물 ▶ 빈 요구르트 병 4개, 풀

 이야기 나누기

페르시아에 사는 하나님을 믿는 백성이 모두 죽게 되었어요. 왕비 에스더는 하나님이 기도를 들어주실 거라고 믿었어요. 하나님은 우리의 기도를 들으세요. 하나님은 약속을 지키세요.

해설 : 페르시아 왕이 에스더를 왕비로 선택했어요.

왕 : 에스더가 왕비다!

해설 : 에스더는 하나님의 백성인 유다 사람이었어요. 어느 날 하만이 유다 백성을 모두 죽게 하려는 계획을 세웠어요.

하만 : 유다 사람들을 모두 없애버리겠어!

해설 : 에스더의 사촌오빠인 모르드개는 그 소식을 에스더에게 전했어요.

모르드개 : 왕에게 유다 백성을 구해 달라고 부탁해 주렴.

에스더 : 왕이 부르시지도 않았는데 왕께 다가갈 수 없어요. 죽을 수도 있어요!

모르드개 : 너도 유다 사람이잖아. 이때를 위해 네가 왕비가 된 건지도 모르잖니?

에스더 : 모든 유다 사람들이 저를 위해 3일 동안 밤낮으로 먹지도 마시지도 말아 주세요. 저도 그렇게 한 후 왕께 나가겠어요. 제가 죽게 되면 죽겠어요.

7 **에스더를 통해 하나님의 백성을 구하셨어요**

하만이 하나님의 백성을 모두 죽이려고 했어요. 에스더는 3일 동안 기도한 다음 왕에게 하만과 함께 잔치에 와 달라고 했어요. 잔치 자리에서 왕이 에스더에게 말했어요. "왕비, 무엇을 부탁하려는 것이오? 무슨 부탁이든 다 들어주겠소!" 에스더가 말했어요. "저와 제 민족을 살려 주세요!" 왕은 유다 민족을 하만에게서 구해 주었어요.

15

책 만들기

구원하시는
하나님

이야기 책을 만들어요

33쪽 '에스더 이야기 책'을 순서대로 겹쳐 접은 후, 스테이플러로 찍고, 마스킹 테이프를 붙여 책으로 만들어 보세요. 완성한 책을 넘기며 하나님이 어떻게 하나님의 백성을 구해 주셨는지 친구들에게 이야기를 들려주세요.

준비물 ▶ 마스킹 테이프, 스테이플러

1 33쪽 '이야기 책'을 떼어 왼쪽의 그림 순서대로 겹쳐 접어요.

2 왼쪽 표시 부분을 스테이플러로 찍고 마스킹 테이프로 앞뒤를 감싼 뒤 뒷면에 이름을 적어요.

3 책을 넘기며 친구들에게 에스더 이야기를 들려주세요.

😊 **이야기 나누기**

에스더는 왕에게 자기와 자기 민족을 구해 달라고 말했어요. 에스더는 왕에게 이야기할 때 하나님이 도와주실 거라고 믿었어요. 하나님은 에스더를 통해 하나님의 백성을 지키셨어요. 훗날 하나님은 우리를 구하려고 예수님을 보내셨어요.

8

느헤미야가 예루살렘의 소식을 들었어요

느헤미야는 페르시아의 왕을 섬기고 있었어요. 어느 날, 예루살렘의 성벽이 무너졌고 백성은 안전하지 않다는 소식을 들었어요. 느헤미야는 하나님께 도와 달라고 기도한 뒤 왕에게 말했어요. "저를 유다로 보내 제 민족이 예루살렘 성벽을 다시 세우는 일을 돕게 해 주세요." 왕이 허락했어요! 그리고 성벽을 세우는 데 필요한 모든 것을 주었어요.

느헤미야를 통해 일하세요

느헤미야가 예루살렘 소식을 듣게 되었어요! 아래 장면을 보고 어떤 소식을 들었는지, 소식을 들은 후엔 어떻게 했는지 친구들과 이야기를 나눠 보세요. 선생님이 들려주는 오늘의 성경 이야기와 장면을 따라하며 친구들과 느헤미야, 유다 사람들, 왕의 역할을 맡아 연기해 보세요.

 이야기 나누기

느헤미야는 예루살렘 성벽이 무너지고 백성도 위험하다는 이야기를 듣고 매우 슬펐어요. 느헤미야는 하나님의 백성을 지켜 달라고 기도했어요. 하나님은 약속을 지키세요. 하나님은 느헤미야를 선택하셔서 하나님의 백성이 성벽을 세우는 일을 돕게 하셨어요

THE GOSPEL PROJECT / EXILE AND RETURN

9

예루살렘 성벽을 다시 세웠어요

하나님의 백성은 열심히 예루살렘 성벽을 세웠어요. 하나님이 느헤미야와 하나님의 백성을 도와주셨어요. 그런데 예루살렘 주변에 사는 사람들이 성벽을 다시 세우는 것을 방해했어요. 느헤미야가 하나님의 백성에게 말했어요. "겁내지 마십시오! 하나님이 우리를 지키십니다!" 하나님의 도움으로 성벽과 성문이 금방 완성되었어요!

성벽을 다시 세워요

사람들이 성벽을 다시 세우고 있어요! 무너진 성벽에 41쪽 '성벽 조각' 스티커를 떼어
알맞게 붙여 성벽을 완성해 보세요.

 이야기 나누기

성벽을 다시 세우는 것은 쉬운 일
이 아니었지만 하나님이 도와주셨
어요. 하나님은 약속을 지키세요.
성벽 세우는 일을 방해하는 사람들
도 있었지만 하나님의 백성이 하나
님께 순종해 일하는 동안 하나님이
그들을 지켜 주셨어요. 예수님은
언제나 하나님께 순종하셨어요.

THE GOSPEL PROJECT / EXILE AND RETURN

10 에스라가 하나님의 율법을 읽었어요

예루살렘 성벽이 완성되자 하나님의 백성이 한 곳에 모였어요. 에스라가 두루마리를 들고 하나님의 말씀을 읽었어요. 남자, 여자, 아이들이 모두 일어서서 하나님의 말씀을 들었어요. 백성은 그동안 하나님께 순종하지 않았다는 사실을 깨닫고 울기 시작했어요. 에스라와 느헤미야는 백성에게 울지 말고 기뻐하라고 말했어요.

말씀하시는
하나님

성경을 찾아요

하나님의 말씀이 담겨 있는 책은 무엇인가요? 그림 속에 숨어 있는 성경 5권을 찾아
○표 하세요.

준비물 ▶ 색연필

 이야기 나누기

에스라는 성벽이 완성된 후 하
나님의 백성에게 하나님의 말
씀을 읽어 주었어요. 하나님의
백성은 말씀을 듣고 하나님을
더욱 사랑했어요. 예수님도 하
나님의 말씀을 들려주세요.

11 말라기가 하나님의 말씀을 전했어요

하나님은 말라기 선지자를 보내셔서 백성에게 하나님의 말씀을 전하게 하셨어요. 하나님이 제사장들에게 말씀하셨어요. "너희는 내 백성이 나를 사랑하도록 도와야 하는데 그렇게 하지 않고 있다." 하나님은 특별한 왕인 메시아를 맞을 준비를 시킬 사람을 보내겠다고 말씀하셨어요. 먼 훗날 하나님이 약속하신 메시아 예수님이 이 땅에 오셨어요.

약속의 하나님

길을 따라가세요

말라기 선지자에서 세례 요한까지 길을 따라 선을 그어 보세요. 그다음 세례 요한에서 예수님까지 길을 따라 선을 그어 보세요.

준비물 ▶ 색연필

말라기

예수님

세례 요한

이야기 나누기

말라기는 구약성경에 있는 마지막 책이에요. 말라기는 하나님의 심부름꾼이었어요. 말라기는 다른 심부름꾼이 오고 있다고 말했어요. 그 심부름꾼은 세례 요한이에요. 마지막 심부름꾼인 예수님을 위해 사람들을 준비시키는 것이 요한의 일이었어요! 예수님은 하나님의 아들이세요.

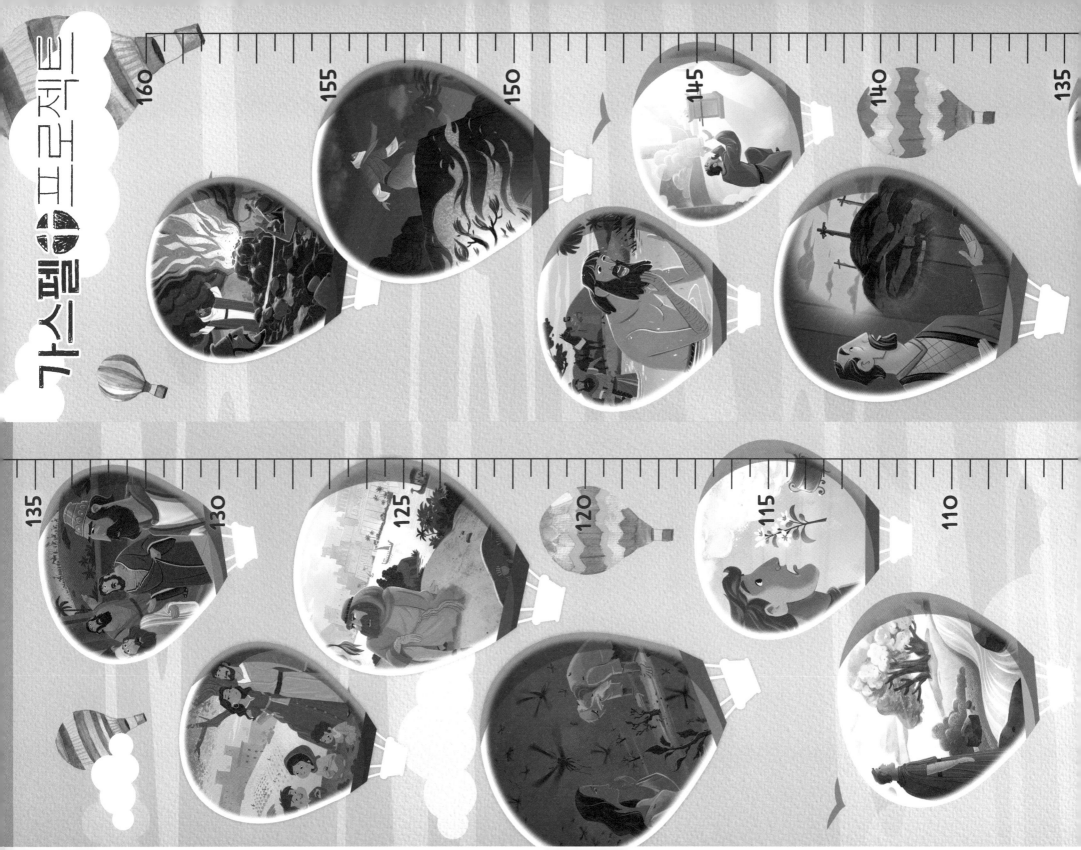

에스더

하만

모르드개

왕

접는 선

접는 선

풀   칠

이름

가스펠 프로젝트

에스더 이야기 책

에스더는 왕에게 유다 백성을
구해 달라고 부탁했어요.

5

모르드개는 에스더에게 하나님의 백성이
큰 어려움에 빠졌다고 말했어요.

2

에스더를 왕비로 세우셨어요.

1

기도를 들으신 하나님은
에스더를 통해 하나님의 백성을 지키셨어요. 6

에스더가 왕에게 나아가기 전에 에스더와
하나님의 백성은 금식하며 기도했어요.

3

에스더는 왕에게 나아갔고,
자신이 준비한 잔치에 왕을 초대했어요.

4

가스펠 프로젝트

구약 6

가족 활동
메시지 카드

1. 다니엘과 친구들이
하나님께 순종했어요
단 1장

2. 사드락, 메삭, 아벳느고를
구하셨어요
단 3장

3. 다니엘을 구하셨어요
단 6장

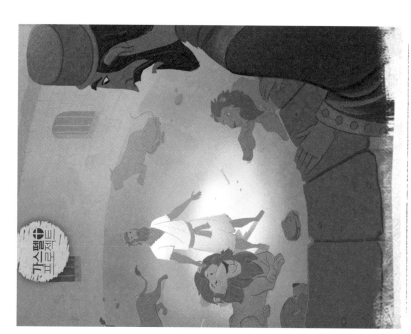

부모님께

메시지 카드에는 아이들이 배운 성경 이야기를 되짚어보며 삶에 적용할 수 있는 가족 활동이 담겨 있습니다. 그림을 보며 성경 이야기를 회상하고 성경의 본문을 찾으며 가족이 함께 나누어 보세요. 카드의 그림은 성경의 흐름을 기억할 수 있는 단서가 될 것입니다.

6권 '돌아온 하나님의 백성'에 담긴 가스펠

하나님은 다니엘, 스룹바벨, 에스더, 느헤미야, 에스라, 말라기를 통해 하나님의 보호하심과 신실하심을 백성에게 보여 주셨습니다. 심판을 받을 때도 그들이 고향으로 포로 생활을 할 때도 하나님은 그들과 성전과 성벽을 재건할 때도 하나님은 그들과 함께하셨습니다. 죄로 인해 또다시 어긋나는 백성에게 심판을 말라기를 보내 하나님의 구원 메시지를 선포하셨습니다. 그 메시지는 바로 예수 그리스도였습니다.

1. 다니엘과 친구들이 하나님께 순종했어요

단원 주제
하나님은 우리가 하나님께 순종하도록 도와주세요.

단원 암송
하나님은 지혜와 능력이 있으세요(단 2:21).

가스펠 포인트
- 하나님은 바빨론 왕이 하나님의 백성을 바빨론으로 잡아가도록 두셨어요.
- 다니엘과 세 친구는 하나님을 사랑하고 하나님께 순종했어요.
- 예수님은 언제나 하나님께 순종하셨어요.

가족과 활동해요
- '이야기 성경' 스티커를 붙이며 말씀을 기억해요.
- 가족과 함께 과일, 채소를 넣은 샐러드를 만들어요. 요리하면서 하나님을 사랑하고 하나님 말씀에 순종했던 다니엘과 친구들의 이야기를 나눠 보세요.

2. 사드락, 메삭, 아벳느고를 구하셨어요

단원 주제
하나님은 우리가 하나님께 순종하도록 도와주세요.

단원 암송
하나님은 지혜와 능력이 있으세요(단 2:21).

가스펠 포인트
- 사드락, 메삭, 아벳느고는 하나님을 사랑했어요.
- 하나님이 세 친구를 불 속에서 안전하게 지켜 주셨어요.
- 예수님은 사람들을 구원하는 능력이 있으세요.

가족과 활동해요
- '이야기 성경' 스티커를 붙이며 말씀을 기억해요.
- 잠잘 때 불을 끄고 나서 가족의 이름을 부르면 "하나님을 사랑하는 OO가족 이름을 지켜 주세요."라고 서로 기도해 보세요.

3. 다니엘을 구하셨어요

단원 주제
하나님은 우리가 하나님께 순종하도록 도와주세요.

단원 암송
하나님은 지혜와 능력이 있으세요(단 2:21).

가스펠 포인트
- 다니엘은 하나님께 기도했어요.
- 하나님이 다니엘을 사자들에게서 지켜 주셨어요.
- 하나님은 우리를 구원하시려고 예수님을 보내셨어요.

가족과 활동해요
- '이야기 성경' 스티커를 붙이며 말씀을 기억해요.
- 아이와 함께 동물원에 가서 사자를 보며 사자 굴에서 다니엘을 구해 주신 하나님을 찬양해요.
- 동물원에 가기 전에 미리 사자가 나오는 동화책을 읽어 보거나 사자가 나오는 동화책을 읽어 보세요.

4. 하나님의 백성을 고향으로 데려오셨어요
스 1:1~2:2, 2:64~3:13

5. 성전을 다시 지었어요
스 4:1~7, 5:1~5, 6:1~22

6. 에스더를 왕비로 세우셨어요
에 1~4장

7. 에스더를 통해 하나님의 백성을 구하셨어요
에 5~10장

37

4. 하나님의 백성을 고향으로 데려오셨어요

단원 주제
하나님은 우리가 하나님께 순종하도록 도와주세요.

단원 암송
하나님은 지혜와 능력이 있으세요(단 2:21).

가스펠 포인트
· 하나님이 하나님의 백성을 고향으로 데려오셨어요.
· 하나님의 백성이 성전을 다시 짓기 시작했어요.
· 예수님은 우리가 영원히 하나님과 함께 살게 하세요.

가족과 활동해요
· '이야기 성경' 스티커를 붙이며 말씀을 기억해요.
· 가족이 함께 '예수님' 그림을 방 개수만큼 그려 보세요. 완성한 그림을 방마다 붙이며 언제나 함께하시는 예수님을 함께 찬양해요.
· 다리오왕은 하나님의 백성을 도와주는 편지를 썼어요. 예수님 때문에 우리는 어디서나 하나님을 예배할 수 있어요.
· 아이가 사랑하고 나눌 때 수건으로 감싸 주며 "하나님 ○○이가 이름이 언제나 함께하시면서"라고 말해 주세요.

5. 성전을 다시 지었어요

단원 주제
하나님은 우리가 하나님께 순종하도록 도와주세요.

단원 암송
하나님은 지혜와 능력이 있으세요(단 2:21).

가스펠 포인트
· 하나님은 하나님의 백성이 성전을 다시 짓는 일을 도우셨어요.
· 다리오왕은 하나님의 백성을 도와주는 편지를 썼어요.
· 예수님 때문에 우리는 어디서나 하나님을 예배할 수 있어요.

가족과 활동해요
· '이야기 성경' 스티커를 붙이며 말씀을 기억해요.
· 하나님이 우리 가족을 도와주셔서 감사하며 기뻐했던 경험을 함께 이야기해 보세요.
· 이스라엘 백성이 성전을 지을 때 어떤 마음이었을지 생각해 보고, 내가 만약 성전을 짓는 일을 하게 된다면 마음이 어떨지 이야기를 나누어 보세요.

6. 에스더를 왕비로 세우셨어요

단원 주제
하나님은 약속을 지키세요.

단원 암송
하나님은 성실하세요(애 3:22~23).

가스펠 포인트
· 하나님이 에스더를 왕비로 삼으셨어요.
· 에스더는 하나님의 백성이 3일 동안 기도해 달라고 부탁했어요.
· 하나님은 우리의 기도를 들으세요.

가족과 활동해요
· '이야기 성경' 스티커를 붙이며 말씀을 기억해요.
· 가족을 기도 일기를 쓰면서 기도 제목과 응답받은 기도를 기록해 보세요.
· 아이와 함께 왕과 왕비가 살았던 고궁에 가서 하나님이 세우신 에스더 왕비 이야기를 들려주세요.

7. 에스더를 통해 하나님의 백성을 구하셨어요

단원 주제
하나님은 약속을 지키세요.

단원 암송
하나님은 성실하세요(애 3:22~23).

가스펠 포인트
· 에스더는 왕에게 이야기할 때 하나님이 도우실 것이라고 믿었어요.
· 하나님은 에스더를 통해 하나님의 백성을 지키셨어요.
· 하나님은 우리를 구원하시려고 예수님을 보내셨어요.

가족과 활동해요
· '이야기 성경' 스티커를 붙이며 말씀을 기억해요.
· 아이와 함께 유대인의 축제인 '부림절'을 소개하는 자료를 찾아 보세요.
· 하나님을 찬양하는 파티를 열어 사랑하며 보세요. 고깔모자를 쓰고 케이크를 간식으로 함께 먹어요.

9. 예루살렘 성벽을 다시 세웠어요
느 3:1~6:16

8. 느헤미야가 예루살렘의 소식을 들었어요
느 1~2장

11. 말라기가 하나님의 말씀을 전했어요
말 1~4장

10. 에스라가 하나님의 율법을 읽었어요
느 8:1~12

8. 느헤미야가 예루살렘의 소식을 들었어요

단원 주제
하나님은 약속을 지키세요.

단원 암송
하나님은 성실하세요(애 3:22~23).

가스펠 포인트
• 느헤미야가 하나님께 하나님의 백성을 지켜 달라고 기도했어요.
• 하나님이 느헤미야를 통해 예루살렘 성벽을 다시 세우셨어요.
• 하나님은 우리의 기도를 들으세요.

가스펠 활동해요
• '이야기 성경' 스티커를 붙이며 말씀을 기억해요.
• 가족과 함께 우리나라를 지켜 달라고 하나님께 기도하는 시간을 가져요.
• 동네에 건축 현장이 있다면 아이들과 함께 지나가며 느헤미야의 기도를 들어 주신 하나님 이야기를 들려주세요.

9. 예루살렘 성벽을 다시 세웠어요

단원 주제
하나님은 약속을 지키세요.

단원 암송
하나님은 성실하세요(애 3:22~23).

가스펠 포인트
• 느헤미야가 하나님의 백성을 이끌고 예루살렘 성벽을 다시 세웠어요.
• 하나님은 하나님의 백성이 인내하는 동안 그들을 지키셨어요.
• 예수님은 언제나 하나님께 순종하셨어요.

가족과 활동해요
• '이야기 성경' 스티커를 붙이며 말씀을 기억해요.
• 기족이 함께 벽돌을 이용해 보세요. 하나님이 인내하며 지켜 주신다고 용기를 주셨던 느헤미야처럼 서로을 연해 주세요.

10. 에스라가 하나님의 율법을 읽었어요

단원 주제
하나님은 약속을 지키세요.

단원 암송
하나님은 성실하세요(애 3:22~23).

가스펠 포인트
• 에스라가 백성에게 하나님의 말씀을 읽어 주었어요.
• 백성이 하나님의 말씀을 듣고 하나님을 사랑했어요.
• 예수님도 하나님의 말씀을 들려주셨어요.

가스펠 활동해요
• '이야기 성경' 스티커를 붙이며 말씀을 기억해요.
• 아이들과 집에 있는 성경을 모두 모아 잘 보이는 곳에 정리해 보세요.
• 일주일 동안 정해진 말씀을 매일 읽으며 하나님의 말씀을 들려주는 후 말씀한 간식을 먹으세요.

11. 말라기가 하나님의 말씀을 전했어요

단원 주제
하나님은 약속을 지키세요.

단원 암송
하나님은 성실하세요(애 3:22~23).

가스펠 포인트
• 말라기가 사람들에게 하나님의 말씀을 전했어요.
• 하나님은 메시아를 보내셨다고 말씀하셨어요.
• 하나님은 예수님을 보내셨다고 말씀하셨어요.

가족과 활동해요
• '이야기 성경' 스티커를 붙이며 말씀을 기억해요.
• 아이와 함께 간식으로 과자를 먹어 보세요. 부서진 과자를 보면서 하나님은 우리가 하나님께 가장 좋은 것을 드리기를 원하신다고 이야기해 주세요.
• 주중에 아이와 함께 형금하는 도중 가장 깨끗한 그릇과 정성스럽게 현금 봉투에 담아 하나님께 드리도록 준비해 보세요.

반쪽 채소

왕, 주님, 세 친구

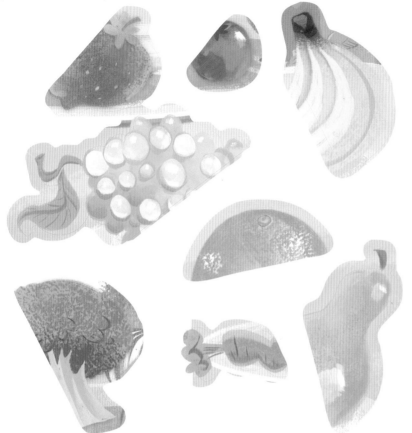

사자 얼굴

성벽 조각

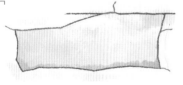

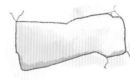

1과

2과

3과

4과

5과

6과

7과

8과

9과

10과

11과